EXPOSITION DE NANTES,

EN 1825.

PAR MM. G.*** ET V.*** ALÉTHOCRITE.

> Rappelons les talents de l'oubli du tombeau,
> Et des beaux arts éteints rallumons le flambeau.

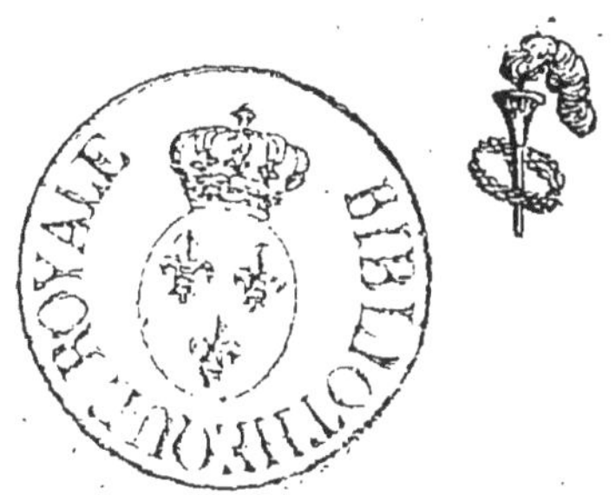

A NANTES,
DE L'IMPRIMERIE D'HÉRAULT, RUE DE GUÉRANDE.
Juillet 1825.

EXPOSITION DE NANTES,

EN 1825.

> Rappelons les talents de l'oubli du tombeau,
> Et des beaux arts éteints rallumons le flambeau.

Enfin tu te réveilles, ô ma patrie ! tu abjures ta profonde indifférence pour les arts qui font la gloire et le bonheur des humains, et tu prépares les encouragements les plus puissants à ces hommes vraiment grands, vraiment patriotiques, qui s'adonnent aux diverses branches de l'industrie !

Trop long-temps plongée dans une insouciance étonnante, nous t'avons vue négliger la foule honorable des Artistes qui, depuis tant d'années, n'ayant pour but que ta gloire et ton intérêt, attendaient avec impatience l'instant heureux où ils pourraient te consacrer le fruit de leurs travaux et de leurs veilles. Mais le génie qui préside à tes destinées, n'a pas voulu que la postérité pût reprocher au plus bel ornement de l'ancienne Armorique d'avoir méconnu les précieux avantages de l'émulation dans des ouvrages qui lui doivent leur perfection, qui même, sans elle, ne seraient rien, ou du moins fort peu de chose.

Par elle, un Peintre, jaloux du succès de son rival, surmonte les obstacles, et, animé d'un zèle nouveau, fait respirer la toile et parler les passions;

Par elle, un Sculpteur, à l'acpect des chefs-d'œuvre de l'antiquité, anime le marbre, et une Galatée nouvelle doit l'existence à un moderne Pygmalion.

Sans doute, l'industrie, cette branche qui n'a pour but que l'utilité des hommes; dont tous les effets tendent à les soulager, à adoucir leurs peines, à courir au-devant de ce qui leur est nécessaire; l'industrie, disons-nous, n'a pas besoin de son aiguillon pour faire naître mille inventions ingénieuses où brille l'amour de l'humanité.

Mais, sans cette émulation, la Peinture, comme plusieurs autres arts que soutient le désir de la gloire, abandonnée pour ainsi dire à elle-même, perd peu à peu son énergie, et languit dans une honteuse médiocrité.

C'est l'émulation qui animait les trois fameuses écoles qui ont paru tour-à-tour sur la scène du monde; c'est par elle que trois peuples rivaux déployèrent leur talent, et firent voir la nuance marquée qui caractérise leur génie.

Les Bataves, amis de la simple Nature,
Aiment à décorer leur grotesque Peinture
D'un fini précieux;
Le Romain est plus vif, plus noble en ses images;
Le Français réunit dans ses pompeux ouvrages
Les beautés de tous deux.

Puissent nos Peintres justifier cette glorieuse réputation !

D'après ce que nous venons de dire de l'émulation, qui ne sent combien il est nécessaire de mettre en jeu ses ressorts salutaires, en rassemblant tout ce que le génie de nos Artistes a enfanté depuis un grand nombre d'années ! Qui ne sent l'importance de cette exposition, où nous voyons réunies les productions de l'art et celles de l'industrie ?

Mais hélas ! tant de soins seraient superflus, tant de peines inutiles, si, seulement exposés aux regards avides d'une foule peu éclairée, ces ouvrages précieux n'étaient l'objet d'une salutaire critique, qui, tout en faisant ressortir leurs beautés supérieures, ne dévoilât quelques défauts, qui ont échappé au génie : c'est ainsi que se forment les Artistes, c'est ainsi que tout se perfectionne.

Heureux celui dont les ouvrages méritent un regard de cette déesse impartiale ! plus heureux encore celui qui n'a point l'orgueilleuse prétention d'être au-dessus de ses conseils, et qui écoute sans s'irriter ses avis, dictés toujours par l'amour du bien et le désir d'être utile !

Mais je me laisse entraîner ; les instants s'écoulent; depuis long-temps déjà, Nantes étale ses titres à la gloire.... Volons à ce séjour enchanteur, repaissons nous de ce spectacle patriotique, et, sous l'influence de la vérité, faisons part à nos concitoyens des sentiments d'admiration qu'il va faire naître en nous.

Dans cette vaste enceinte, de tous côtés, s'offrent

à nos yeux tout ce que le génie peut inspirer à un Artiste, et tout ce que peut produire une industrieuse activité. Entraînés par notre goût pour la divine Peinture, nous considérons rapidement ces productions utiles, pour ne nous occuper que de celles du plus beau des arts.

Quels tableaux nous frappent d'abord ? aucun autre ne peut leur être comparé pour la grandeur. Déjà, la foule empressée se groupe autour d'eux : approchons aussi, et voyons si le pinceau de M. Peytavin a su rendre la terrible émotion que l'aspect du tombeau doit faire naître dans le cœur d'une mère qui voit mourir avec elle le fruit de son malheureux amour.

S'agit-il de tracer sur la toile un événement terrible; de mettre sous les yeux un spectacle qui excite le plus vif intérêt, et fasse naître en nous une profonde émotion; si le Peintre ne saisit les diverses circonstances qui se présentent à sa pensée, s'il n'est pas véritablement animé des mouvements qu'il veut rendre, en vain sa composition est-elle parfaitement entendue, son ouvrage n'offre jamais que le simple sujet, et le spectateur, faiblement ému, regrette mille beautés que l'Artiste aurait pu rendre, et que sa froideur lui a fait négliger.

Quels plus beaux sujets que ceux de M. Peytavin se sont jamais présentés à l'imagination d'un Peintre! et que d'éloges ne lui devons-nous pas, pour avoir si bien su choisir!

Le premier qui s'offre à nous, retrace un événement

bien cruel : les Romains, après la bataille de Cannes, sacrifient aux mânes de leurs guerriers deux familles, l'une grecque, l'autre gauloise.

Ce tableau devait inspirer l'horreur. Maîs quoi ! tout autre sentiment se répand en nous ; nous n'éprouvons qu'une simple curiosité, qui naît sans doute de l'obscurité de sa composition, estimable d'ailleurs.

Quelle est cette femme nonchalamment étendue sur deux cordes, tenant sur son sein un enfant collé à sa mammelle, et lestement soutenue par deux hommes vigoureux ? Descend-elle ? remonte-t-elle ? Nous serions restés long-temps indécis, sans un billet obligeant que nous avons trouvé fort à propos, au bas du tableau. Elle descend. L'infortunée va rejoindre dans la tombe cette malheureuse étendue sans mouvement, et que soutient un vieillard, son père sans doute.

Étonnés plutôt qu'émus, nous cherchions à nous rendre raison de notre indifférence à l'aspect d'un événement qui eût dû nous déchirer ; déjà nous nous laissions entraîner dans de profondes méditations à ce sujet, lorsque nous fûmes détournés de notre attention par la conversation de deux femmes du peuple, qui nous parurent pour le moins aussi intriguées que nous l'avions été d'abord, et qui n'avaient pas, comme nous, l'avantage de savoir lire.

« Bon ! disait l'une, cette femme se laisse descendre » dans le caveau pour son plaisir. — Eh non ! reprit » l'autre. Ne vois-tu pas au-dessous d'elle cette dame » étendue à terre comme une morte : il y a du tragique

» là-dedans. — Eh! du tout. Est-ce que tu ne vois » pas que c'est quelque demoiselle qui a fait un faux » pas, que l'on a renfermée dans ce souterrain, et » qui se trouve mal à la vue de son marmot qu'on » lui apporte en secret. Quant à cet homme qui la » relève, et qui enfonce son bonnet, c'est le père. » — Ah! j'y suis; c'est bien ça! »

Et soudain chacune de faire ses réflexions plus ou moins triviales sur le père, la mère et la nourrice. En observant cette dernière, elles assuraient que le petit n'était point à plaindre.

Il est permis de se méprendre sur le sens d'un tableau dont on ignore le sujet; mais se méprendre à ce point, lorsque chaque chose est à sa place, cela est impardonnable.

Il est vrai, cette femme ressemblerait plutôt à une nourrice qu'à une famille gauloise condamnée à périr de faim. Sa tête, légèrement inclinée en arrière, semble moins céder à la douleur déchirante qui devrait altérer ses traits, qu'au poids de sa chevelure longue, frisée et touffue. Nous ne voyons point non plus cette mère jeter des regards effrayés sur son malheureux enfant; ou, du moins, par son air suppliant, s'efforcer d'émouvoir la pitié de ses bourreaux. Nous avouons encore qu'elle semble entrer dans le tombeau avec un sang-froid bien extraordinaire dans une femme, puisque l'aspect de la mort ne l'a pas même fait pâlir, et que ses yeux brillent de tout leur éclat; que l'on ne conçoit pas trop comment son enfant peut teter, malgré la gêne qui doit résulter de sa position peu naturelle.

A cette critique, sévère sans doute, nous pourrions ajouter quelques remarques d'observateurs pointilleux, qui prétendaient que, malgré le poids énorme de cette femme, la corde qui passe sous ses bras, ne fait pas faire beaucoup de plis à la peau, et ne paraît pas lui faire éprouver à elle-même une grande douleur. Mais un Artiste peut-il s'arrêter à ces minutieux détails? Pouvez-vous exiger d'un Peintre plein de son sujet, et que son inspiration transporte; pouvez-vous, dis-je, exiger de lui la scrupuleuse attention de ces froids censeurs qui oublient qu'il est plus aisé de critiquer que de faire un tableau?

Que j'aime à voir ces gens pleins d'ignorance,
Qui n'ont jamais manié le crayon,
Lorgnette en main, et d'un air d'importance,
Censurer tout, ne trouver rien de bon!
Pour Dieu! Messieurs, quittez ce ton sévère,
Et n'allez pas décourager l'auteur;
Y pensez-vous? un Peintre, pour vous plaire,
A besoin d'être un bon dessinateur?
Il faut qu'il donne à chaque personnage
Le mouvement, le ton qui lui convient?
Qu'il soigne autant tous les objets qu'il peint?
Qu'il sache, enfin, faire de son ouvrage,
En y mettant chaque chose en son lieu,
Un tout parfait et rempli d'harmonie?
Qu'à cent détails s'abaisse son génie,
Sans pour cela perdre rien de son feu?
Que, d'un coup-d'œil, il saisisse, il embrasse
Tous les objets.....? Arrêtez-vous, de grâce!
Pour être Peintre, il faudrait être un Dieu.

Mais vous, qui êtes si sévères, faites un pas,

observez ce second tableau. Direz-vous que les personnages ne sont pas dans la position qu'exige le rôle qu'ils y jouent * ? Ce Licteur ne remonte-t-il pas l'échelle avec toute la gravité qui lui convient ? et, quoiqu'en dise un de nos Académiciens, qui prétend que c'est un contre-sens, « que d'avoir mis la lampe » dans la main droite de l'homme qui est auprès de » la Vestale, tandis que cette main devait porter » le pot qu'il tient de sa main gauche », ne pensez-vous pas comme nous, qu'il est fort indifférent, pour le mérite et l'effet du tableau, que cette lampe soit dans sa main gauche ou dans sa main droite ?

Mais passons à la figure principale. Considérez cette Vestale qui serre douloureusement son enfant entre ses bras.... Ne trouvez-vous pas qu'elle est bien mieux dans le mouvement que les personnages que nous avons examinés jusqu'à présent ? Que sa pose est bien plus convenable et mieux adaptée à la circonstance que le Peintre retrace à nos yeux ? Quel dommage qu'on ne sache où est le corps de son enfant !

* Ce tableau représente le supplice d'une Vestale; elle est déjà descendue. Le Peintre l'a mise à genoux, tenant son enfant étroitement serré contre son sein. Derrière elle, un homme pose, d'une main, un pot sur une espèce de table, et élève l'autre main pour recevoir une lampe, qu'on lui présente d'en-haut; un peu plus de côté, un Licteur remonte.

Ce tableau est moins mal dessiné que l'autre; mais on y remarque autant de sécheresse et aussi peu de vérité dans le coloris.

Quoiqu'il en soit, ce tableau est mieux exécuté que le précédent; le sujet en est mieux senti. Cependant, il est tout aussi mauvais de couleur que son pendant: ajoutez à cela que, dans ce dernier, les têtes que l'on aperçoit dans le lointain, ressemblent plutôt à des sommets d'arbres qu'à des têtes d'hommes, et qu'en général ces deux ouvrages pèchent par le dessin: voilà à-peu-près tout ce qu'il y a à dire sur ces tableaux, qui ne laissent pas que de faire honneur à leur compositeur, et tout le monde conviendra avec nous que celui qui les a faits, n'est certainement pas dépourvu de mérite :

Vainement, Peytavin, l'on cherche à te rabattre;
Ris-toi des ennemis que t'a faits ton talent,
Et réponds-leur, sans te laisser abattre,
Par un tableau qui soit encor plus grand.
Ces deux productions de ton mâle génie
Réveillent, il est vrai, la noire jalousie,
Et l'envie, envers toi multipliant ses torts,
Avec ardeur répand la raillerie;
Mais tes tableaux, malgré tous ses efforts
Et les bons mots qu'elle parsème,
Seraient, sans leurs défauts, d'une beauté suprême,
Et dignes sous tous les rapports
Du pinceau de David lui-même.

Oui, certes, il faut du talent pour exécuter des tableaux de cette dimension; et, si M. Peytavin n'avait eu l'inconséquence d'exposer tous les autres, dont nous exceptons seulement deux petites esquisses fort bien tapées *, personne ne lui aurait refusé beaucoup de talent ; mais ceux-ci sont tellement inférieurs aux deux premiers, que, malgré l'ardent désir que nous avons de pallier ses défauts, et de vanter ses productions, nous ne pouvons nous empêcher d'approuver les judicieuses remarques du public, et de partager les sentiments de deux de ses amis, qui, jetant sur ses tableaux leurs regards affligés, s'écriaient :

« Ah ! Peytavin ! Peytavin ! mon ami !!!... »

Celui qui représente l'*Annonciation* est mauvais de couleur, et très-mal dessiné. Une jeune dévote assurait que M. Peytavin devait trembler pour son salut, s'il continuait d'estropier ainsi les Anges.

Quant à la Vierge, l'on prétend
Qu'elle n'est pas trop recueillie :
Nous sentons que dans cet instant,
En montrant plus de modestie,
Elle eût gagné certainement.
Sa tunique est trop éclatante ;

* L'une de ces esquisses représente un épisode du massacre des innocents. Un barbare, ivre de sang et de carnage, s'efforce d'arracher des mains de sa mère un enfant qu'il veut livrer à la mort ; cette mère furieuse l'a saisi par les cheveux, et l'empêche d'approcher. La rage du meurtrier, le désespoir de la mère, tout est exprimé avec beaucoup de feu et d'énergie.

L'autre représente Éponine et Sabinus dans le souterrain : il règne dans tout ce petit tableau une affreuse vérité.

La pourpre n'est point l'ornement
D'une vierge humble et pénitente.
L'aspect du messager des Cieux
Ne parait point à la petite
Causer d'émotion subite,
Et l'on croit lire dans ses yeux :
« Je m'attendais à sa visite. »

L'*Embrâsement de Troie* est-il mieux ? Oh ! non ; et l'on ne saurait croire à combien de mauvaises plaisanteries ce tableau donne lieu.

« Ne trouvez-vous pas, disait un amateur, que » Créuse ne s'empresse pas beaucoup de chercher » Énée, dont elle vient de perdre les traces ? — » Si elle pouvait vous répondre, reprit froidement un » des spectateurs, elle vous dirait qu'il n'est pas fort » aisé de courir, quand on a la cuisse déboîtée. »

C'est avec d'autres yeux que le public considère le reste des tableaux de M. Peytavin * :

« Quelles vives couleurs ! s'écrie-t-on, en regardant » la *Vierge*. Quelle belle robe rouge ! Que cet enfant » Jésus a de fraîcheur ! Ces fruits sont à prendre ! » dit-on ; ils semblent sortir de l'arbre !

Les portraits qui nous présentent une partie de la famille Mangin, exercent aussi les diseurs de bons mots :

« Voyez-vous, dit l'un, en parlant du fils, comme » il a la bouche entr'ouverte ? — C'est, dit un autre,

* C'est-à-dire, cette partie du public que l'on appelle communément le vulgaire, le peuple.

» que le peintre l'a saisi au moment où il attrape la » rime. — Vous vous trompez, s'écrie un troisième, » il vient de trouver quelque bonne plaisanterie contre » la société des Éteignoirs ; il jouit d'avance de l'effet » qu'il va produire, et semble défier ses champions » de lui répondre avec autant de sel. »

« Que son père est ressemblant ! répète la foule ; il » nous regarde d'un air triomphant. Vient-il de piller » encore le sujet de quelque fable, pour nous en » entretenir à la prochaine séance académique ?

« Et son épouse, qui tient trois pensées à la main... » elles sont sans doute toutes pour lui ? »

Pour nous, qui ne savons pas plaisanter si finement, nous aimons mieux garder le silence, et, sans parler des costumes de M. Peytavin, qui ne méritaient pas de figurer à une exposition comme celle qui nous occupe, nous allons passer aux ouvrages de ses rivaux *.

Lorsque l'on entreprend de passer en revue une exposition, quelque nombreuse qu'elle soit, il faut bien faire mention de tous les tableaux qui y figurent, et ne point craindre de donner des conseils qui peuvent être utiles: c'est pourquoi nous allons, quoiqu'à regret, nous occuper des ouvrages de M. Picou.

Nous serions charmés de pouvoir lui accorder des louanges, et justifier ainsi la grande réputation dont il

* Il y a encore deux portraits de M. Peytavin; mais nous laissons au public le soin d'en faire justice.

jouit à Nantes ; mais, interprètes de la vérité et des sentiments que ses tableaux ont inspirés au public *, nous nous voyons forcés de prendre un langage tout différent.

Et, en effet, pourrions-nous, sans nous exposer aux traits de la satyre, vanter des tableaux qui pèchent à la fois par le dessin et le coloris ? M. Picou lui-même avouerait que nous ne sommes pas connaisseurs.

Considérons un peu ce portrait peint à l'huile : c'est sans doute un *Marin*. Il est, dit-on, d'une ressemblance parfaite ; en ce cas, le modèle avait la jaunisse ; car, quelque brûlants que soient les rayons du soleil, dans les pays méridionaux où il a voyagé, ils ne peuvent faire prendre à la peau une teinte si jaune et si livide ; il paraîtrait même que le peintre a senti sa faute, car la moitié de la figure est beaucoup moins jaune que le reste. Mais c'est assez s'appesantir sur la figure, puisque nous n'avons rien de bon à en dire. Faisons remarquer à nos lecteurs les objets relatifs à l'art de la Marine, afin qu'ils nous disent s'ils sont bien en perspective ; cette mer qui se brise sur toutes les côtes, comme si le vent soufflait de tous les points à la fois ; et prions-les de demander à M. Picou qui peut lui avoir inspiré la plaisante idée de placer son *Marin* dans une chaise au bord de la mer.

Le tableau qui vient ensuite, représente une jeune dame, tenant un livre à la main, et assise sur un banc de gazon. A ses pieds, coule un ruisseau qui naît d'une

* Ici, c'est le public éclairé et connaisseur.

cascade que l'on aperçoit dans le fond ; tout autour, sont des arbres touffus, des rochers mousseux ; partout règne une verdure qui n'offre pas même les traces des pieds de la jeune rêveuse, tant elle a marché avec légèreté, et l'herbe est tellement répandue, qu'on ne voit aucun sentier qui ait pu la conduire dans ce lieu solitaire. Si nous ne craignions de déranger la jeune personne de sa lecture, nous lui demanderions pourquoi elle tient ses jambes et ses cuisses si roides : il nous semble que, sur un gazon si épais et si abondant, rien ne l'empêche de se mettre à son aise, et de quitter cette position gênante.

Nous ne dirons qu'une chose du *Coucher du Soleil*, c'est qu'il paraît, à sa couleur, que le Peintre, en le faisant, avait encore son *Marin* jaune en tête.

Quelle est cette *Vue*, prise des hauteurs de Barbin ? Oh ! pour le coup, M. Picou, vous avez vu verd :

Vous, que l'amour des champs possède,
Pour qui l'aspect des verdoyants bosquets,
Des prés fleuris et des buissons épais
Est contre les ennuis le plus puissant remède,
Et qui vous plaignez si souvent
Que les vents, les saisons, un soleil trop ardent,
Altèrent la couleur de la belle verdure,
Venez réjouir vos sens
Devant un paysage offrant mille agréments
Que n'offre point la nature :
Là, malgré les soleils, malgré le froid hiver,
Ondes, arbres, gazons, terre, bois, tout est verd.

Et d'ailleurs, M. Picou, votre paysage ne nous

semble point achevé, et, soit dit entre nous, vous auriez besoin de prendre quelques leçons de perspective.

Passons à vos dessins. Le portrait de votre père est ce que vous avez de mieux dessiné ; celui de M. Cholet est bien mauvais. Une jeune personne disait, en considérant ce dernier : « Quoi ! c'est là le portrait de ce » Monsieur qui a fait un si joli paysage à la plume ? » Qu'il a l'air méchant ! il semble nous menacer de » son porte-crayon. »

Votre *Ecce Homo* n'est pas ce que vous avez de mieux : jamais Peintre n'a représenté le Christ avec des formes athlétiques.

Votre dessin à la plume est fait avec beaucoup d'attention et de soins ; mais pourquoi peignez-vous toutes vos femmes si roides ? Pourquoi leur donnez-vous toujours de si grands pieds ? Vous ne savez donc pas que la roideur est incompatible avec la grâce de ce sexe enchanteur ? Vous ne savez donc pas non plus de quel prix un petit pied est aux yeux d'une femme ?

Nous ne dirons rien, M. Picou, de deux dessins dans lesquels vous nous offrez l'intérieur de votre atelier, pour arriver plus vîte à un câdre assez mesquin, situé à l'autre extrémité de la salle, et contenant cinq dessins : une petite *Étude d'Homme* fort insignifiante ; un petit portrait à la Sépia, qui n'a pas beaucoup de mérite ; un petit paysage à l'estompe, qui ne vaut pas grand'chose ; un petit dessin de votre grand tableau * des *Sœurs*

* En vérité, M. Picou, vous pouviez vous dispenser de

de Saint Vincent de Paul; enfin, une petite *Fuite en Égypte*. Oh! certainement, ce dernier n'est pas bon! Vous n'avez même pas été fidèle à l'histoire; car elle nous rapporte qu'un âne accompagnait la Sainte Famille : si le câdre était trop petit pour rassembler tant de personnages, vous auriez dû au moins nous faire voir ses oreilles.

Voilà, M. Picou, ce que l'on dit de vos ouvrages. Peut-être trouverez-vous cela bien sévère; mais que voulez-vous! C'est l'opinion du public, et nous n'osons pas nous exposer à son ressentiment, en ne rendant pas fidèlement sa pensée.

Il est plus difficile et plus fatigant qu'on ne croit de parler sur un sujet si délicat et si épineux : on craint toujours de déplaire, en signalant les défauts; ou de paraître partial, en faisant ressortir les beautés. Peu s'en faut que nous ne quittions la plume, et que nous ne partagions le sentiment de cet individu, qui, interrogé sur ce qu'il pensait de l'exposition, répondit:

« Je ne dis rien, de peur de me faire des ennemis. »

Mais quel est cet amateur qui juge tout d'un air d'autorité? Il examine les ouvrages de M. Rivière :
« Ces gouaches, dit-il, sont assez bien touchées; le
» Peintre paraît avoir cette habitude qui naît de l'étude
» et du travail; mais elles sont fausses de couleur, et ces

mettre celui-ci; nous avons bien assez vu ce tableau; nous n'avions pas besoin d'en voir encore l'esquisse.

» ouvrages ont le défaut commun à presque tous ceux
» de cette espèce. »

Puis, passant aux tableaux à l'huile :

« Si je ne me trompe, voilà le portrait du Roi. Le
» Peintre l'a étranglé, sur mon honneur! Aussi, voyez,
» le sang lui monte à la tête. Et quelle est cette dame
» avec son enfant? Oh! la bonne charge! Passons
» outre. »

Nous sommes loin de partager l'extrême sévérité de ce mauvais plaisant, et, puisque le public est si peu raisonnable, nous nous voyons obligés en conscience de prendre la parole, afin de pouvoir donner des louanges aux Peintres, lorsqu'ils en méritent.

Il existe un tableau très-estimé, peint par Guérin, représentant Énée racontant ses aventures à Didon. Le héros troyen est assis devant la reine, qui, à moitié couchée sur un sopha, passe son bras autour de l'Amour, sous les traits du jeune Ascagne, tandis qu'Anna, sa sœur, est appuyée sur le dos du sopha. M. Richer a choisi ce dernier personnage, et a peint cette princesse jusqu'à la ceinture, dans le tableau qu'il a présenté à l'exposition. Le câdre dont il a entouré son ouvrage, est d'un très-bon goût, et mérite nos éloges.

Non loin de ce tableau, sont ceux de M. Beder. Tout le monde s'accorde pour donner des louanges à cet estimable amateur, dont les productions, remplies de mérite font honneur à la ville de Nantes, et peuvent aller de pair avec ce qu'il y a de meilleur à notre exposition. On remarque dans ses ouvrages une originalité charmante ; tout ce qu'il peint est vrai et étudié sur la nature même. A cette vérité, et à ce charme qui naît du goût éclairé qui domine dans ses productions, il sait réunir un coloris qui, le plus souvent, ne laisse rien à désirer, quoiqu'on lui reproche d'être par fois un peu rouge.

Parmi les quatre jolis tableaux dont il a orné notre exposition, on remarque surtout celui qui représente un *Mendiant* assis dans un chemin ; c'est celui-là qui réunit au plus haut degré les beautés que l'on reconnaît dans les autres ; en un mot, c'est l'expression de la nature.

Mais, M. Beder, après un tel compliment, vous croyez peut-être que nous n'avons aucun reproche à vous faire ? et cela pourrait être, si vous aviez mis moins de sécheresse dans votre tableau représentant une *Guérandaise.*

Certes, ce tableau n'est point à dédaigner : on y reconnaît votre léger pinceau ; mais vous auriez pu faire mieux.

Un jeune Peintre, M. Testé, arrivé tout récemment de la capitale, a mis sur les rangs quelques tableaux qui annoncent des dispositions. Le portrait de son père est assez nature. Il serait dommage qu'une vanité mal placée lui fît croire qu'il n'a pas besoin de conseils ; il est encore loin de cette perfection qui fait vivre les bons tableaux, et les fait sortir de la foule. Qu'il étudie donc avec un zèle nouveau, qu'il apprenne à mieux dessiner, et qu'il ne perde pas courage.

« Quel est ce grand colin qui nous regarde d'un air tragique ? demandait un Artiste de la scène nantaise.
» — C'est le frère du Peintre, répondit un ami de
» M. Testé. — En ce cas, reprit l'Artiste dramatique,
» en passant la main sous son menton, d'un air de
» suffisance, vous pouvez dire à ce Peintre qu'il a
» déboîté l'épaule de son frère. »

Nous conseillons à M. Testé de ne pas peindre le paysage ; car, si nous pouvons juger de son talent dans ce genre par celui qu'il a présenté à l'exposition, il paraît qu'il ne lui convient pas du tout.

Il nous reste encore, pour terminer les Peintres à l'huile, à mentionner des ouvrages de M. Bouchet. Cet Artiste a déjà fait parler de lui à la capitale. Ce qu'il a offert à notre exposition, mérite les plus grands éloges, et, lorsque l'on considère ses tableaux charmants, il faut d'abord s'extâsier sur les beautés qui y fourmillent. Quel charme est répandu dans celui qui, au milien d'un paysage plein de fraîcheur, nous représente Chloé à demi-nue, s'appuyant sur Daphnis, et prête à se mettre au bain * !

* En parlant du paysage, nous observerons à M. Bouchet que l'eau n'a pas du tout sa couleur naturelle. Nous trouvons aussi que Daphnis a l'air beaucoup trop froid ; on dit, en le voyant : c'est un amant heureux, et Longin, dans son joli roman, ne l'a pas peint sous ces traits.

Cet ouvrage offre les grâces du dessin et du coloris associées au charme des effets agréables et séduisants. Chloé est dans une attitude fort grâcieuse. Quelle pureté dans ses contours ! Que d'agréments dans ses formes ! Ses épaules sont peu larges ; ses hanches sont plus nourries ; des genoux, un peu gros, lient ses cuisses charnues avec des jambes qui sont couvertes de graisse dans la partie supérieure, mais très-fines à l'endroit de la cheville, où elles s'unissent à des pieds mignons ; sa gorge, ferme et arrondie, est à peine recouverte par un voile presque diaphane qui retombe sur un ventre modérément aplati ; ses bras potelés sont relevés avec grâce, et soutenus par ceux de Daphnis ; sa tête est remplie de modestie, et d'un ovale parfait ; son teint fait honte au lys ; sa fraîcheur égale celle de la rose nouvellement épanouie.

Daphnis ne réunit pas moins de beautés ; mais ce sont des beautés d'un autre genre. Sa peau est plus foncée ; ses formes sont moins douces et plus prononcées ; la forme des muscles et les éminences osseuses sont moins voilées par la graisse ; il réunit à la fois la force et la beauté : il soutient mollement sa jeune amante, qui imprime, en tremblant, son pied sur le bord de l'onde, qui va carresser son beau corps, et baigner ses membres délicats.

A l'aspect de Chloé, dont un voile léger
Dérobe à peine aux yeux les plus secrets appas,
Dites-moi, qui ne voudrait pas
Être à la place du berger ?

Hélás! déjà l'Amour ne voit plus sur la terre
Tant de grâces et de fraîcheur!
Chloé n'a pas besoin, pour charmer notre cœur,
Des soins d'une main étrangère;
Elle n'emprunte pas l'éclat du diamant :
La modestie est son seul ornement.....
Mais quoi! devant cette nymphe jolie,
Mesdames, vous baissez les yeux en rougissant!
Est-ce pudeur ou jalousie?

A côté de *Daphnis et Chloé*, M. Bouchet a placé une *Étude de Vieillard*. Si, dans cet ouvrage, on ne trouve pas ce feu, cet enthousiasme qui attire et qui séduit, du moins le dessin en est correct, et le coloris d'une suavité charmante. On y remarque une grande vérité: tout y est étudié; les muscles sont bien sentis, et les carnations présentent presque toutes les grâces de la nature *.

Nous ne dirons plus qu'un mot de cet estimable Artiste. Plusieurs amateurs prétendent que ses ouvrages manquent de chaleur; mais ce qu'ils ne pourront lui refuser, c'est que son pinceau est aimable et d'un assez beau moëlleux; son coloris sans manière, ses tons vrais et harmonieux, son dessin correct, son exécution précieuse et caressée, et qu'enfin sa touche ne manque point de grâce.

* M. Bouchet a encore un tableau, c'est une copie fort estimable; mais nos lecteurs ont dû déjà remarquer que nous ne disons rien des copies, excepté, quand nous ne pouvons nous en dispenser.

Après avoir fait part à nos lecteurs, avec toute la sincérité possible, des remarques que nous avons faites sur les tableaux des Peintres à l'huile, nous allons nous occuper maintenant de productions d'un genre tout différent, et qui ne laisse pas que d'offrir un grand intérêt *.

* Comme M. Mulnier pére a exposé un tableau à l'huile, qui n'est pas très-mauvais, on pourrait nous reprocher de n'en rien dire.

Le sujet est assez joli; il est assez bien exécuté, mais c'est un de ces tableaux dont on ne dit rien; il est à la fois au-dessus et au-dessous de la critique.

Le même Peintre a aussi exposé un portrait au pastel; nous ne pensons pas qu'il attende de nous des éloges pour un tableau qui est tout bleu.

M. Hussard, ancien artiste, n'a pas craint d'exposer une foule de portraits au pastel presqu'aussi vieux que lui, et tous aussi mauvais les uns que les autres : ils ne méritent certainement pas que l'on fasse un article à part. D'ailleurs, M. Hussard,

A quoi serviraient, à votre âge,
Les encouragements et même les avis ?
Les éloges flatteurs, les médailles, les prix,
D'un jeune Peintre augmentent le courage,
Et l'émulation redouble son ardeur,
Tandis que les conseils dirigent son ouvrage;
Mais vous, malgré le guide le plus sage,
Vous ne seriez jamais qu'un méchant crayonneur;

Long-temps la miniature a été considérée comme un genre mesquin, et exigeant peu de talents; mais on est bien revenu de cette erreur; et, depuis qu'un peintre d'un mérite supérieur * s'y est adonné d'une manière spéciale, on a reconnu tout son mérite. On a vu quelles étaient ses ressources, et on lui rend l'honneur et la justice qui lui sont dûs; on a vu qu'avec la miniature, on pouvait rendre la finesse des carnations, la suavité des contours, et la vérité du colorîs: on a vu enfin qu'avec elle, on pouvait rendre en petit toutes les grâces de la nature. Nous allons lui payer l'hommage que nous lui devons, en nous occupant des jolis ouvrages que plusieurs de nos Artistes ont exécuté dans ce genre.

Comme M. Mulnier est de tous ceux-ci celui qui fait le plus d'effet à notre exposition, par le nombre de ses miniatures, par ses fréquentes visites au Salon, et son intarissable conversation, nous allons débuter

Et, croyez-en notre muse sincère,
Vos tableaux, qui, peut-être, ont eu de la fraicheur,
Et votre *Épouse de l'Auteur*
N'ont plus de prix, qu'aux yeux des antiquaires.

* Isabey, qui a reçu de tous les Artistes le nom de Père de la Miniature. C'est à son école que se sont formés les Mansion, les Aubry, à qui nous devons les principaux talents qui, aujourd'hui, sont l'honneur de la miniature et l'objet des louanges de tous les connaisseurs.

par ses ouvrages, et voir s'il possède réellement tout le mérite qu'il semble vouloir s'arroger.

Dirons-nous d'abord notre façon de penser à son égard, ou commencerons-nous par celle du public ? Celle-ci doit avoir le pas sur la nôtre ; ainsi, nous attendrons qu'il ait porté son jugement, pour offrir ensuite quelques réflexions.

Deux particuliers contemplaient, l'autre jour, les tableaux figurant à l'exposition. L'un, déjà sur le retour, était de ces riches spéculateurs qui s'entendent mieux à combiner l'intérêt de leurs fonds, qu'à juger des tableaux, et qui, répétant, sans rien comprendre, des jugements échappés à de prétendus connaisseurs, prodiguent à tort et à travers le blâme et la louange.

L'autre, homme d'un âge mûr, en qui l'esprit naturel, le goût et les connaissances suppléaient à la pratiqne et à l'étude spéciale de la Peinture, considérait tout avec la plus scrupuleuse attention, et ne semblait porter son jugement qu'après un long et solide examen. Il nous parut être de ces vrais et sincères connaisseurs qui, après avoir jugé mauvais un tableau, disent franchement ces dures vérités qui font pâlir l'Artiste officieux que l'on voit sans cesse suivant à la piste les spectateurs, pallier ses défauts, et faire remarquer des beautés que, sans lui, personne n'aurait aperçues.

Tels étaient les deux amateurs dont nous entendîmes la conversation, lorsqu'elle roulait déjà sur les ouvrages de M. Mulnier.

« Ici, du moins, disait le premier, je crois, monsieur le difficile, que vous n'aurez que des louanges » à donner ; vous ne direz pas que ces miniatures sont » sans mérite : deux de mes amis les trouvent parfaitement belles. »

L'autre approche, considère la première, puis la seconde ; fronce le sourcil, à la troisième, et, après avoir fini son examen, dit : « Si la quantité » fait tout le mérite des tableaux, certes! ceux-ci » sont bons. — Pouvez-vous faire de semblables plaisanteries! Jetez encore un coup-d'œil, soyez juste. » — Soyez-le vous-même, et revoyons ensemble ces » portraits, qui vous enchantent. Commençons par » celui-ci, qui, affectant un air naïf et intéressant, » semble vouloir captiver les cœurs des jeunes beautés » que la curiosité attire aussi au Salon. — Très-volontiers ; c'est le Peintre lui-même. — C'est là le » Peintre ? Je suis charmé de le connaître. Oh bien! » vous, qui l'avez vu souvent, ne trouvez-vous pas « que la figure est trop longue ? — Un peu, peut-être : mais vous vous attachez à des bagatelles : » considérez ce fini, cette touche légère et moëlleuse. — Oui, vous avez raison ; mais c'est tout » ce qu'on peut admirer. Me direz-vous que ce portrait est vigoureux ? que les effets y sont bien sentis ? » Pour moi, je le trouve froid, sans vie et sans couleur. » Ensuite, ce *Capitaine de Cavalerie*....... — Oh! » celui-ci est d'une ressemblance merveilleuse. — » Peut-être ; mais il est impossible que sa figure soit » si difforme. — Vous ne voyez donc pas que c'est

» l'effet du coup de sabre ? — Quelle que soit la force
» de ce coup, il ne peut l'avoir mutilé à ce point :
» la chose est outrée, et ce portrait a été vu en
» charge. Voici un autre *Militaire*, au haut du câdre,
» et qui n'est pas mieux dessiné ; il lui manque la moitié
» de la figure, du côté qui est dans l'ombre : vous
» ne me direz pas, cette fois, que c'est un coup de
» sabre........... Et cette femme, qui paraît dans le
» vague ? — C'est l'*Épouse de M. Mulnier*. —
» A-t-on jamais vu de semblables effets dans la nature ?
» — Il est vrai ; mais comme c'est achevé ! — Eh !
» quel charme peut avoir à mes yeux ce fini, que
» vous vantez tant, dans un tableau où tout s'écarte
» de la nature ?

» Ce portrait de *Vieillard, le pinceau en main*,
» me semble bien meilleur. Il est plus vigoureux,
» mieux dessiné ; mais ce coloris sent la manière :
» ce portrait est modelé mollement. — C'est celui
» du père de l'auteur. — Il a donc exposé toute
» sa famille ? Mais passons plus loin. Je reconnais
« ce fameux Artiste qui est venu dernièrement faire
» admirer ses talents sur la flûte, à notre théâtre :
» ce dessin, à la mine de blomb, ne manque pas de
» vigueur, et serait bien, s'il était correct. — Dieu !
» quelle sévérité ! Je ne puis disputer contre vous.
» Si M. Mulnier était ici, comme il vous ferait
» bien sentir toutes les beautés de ses ouvrages, ainsi
» qu'il me les a fait voir à moi-même et à mes deux
» amis ! — Malgré toute son éloquence, il aurait de
» la peine à me persuader. N'allez pas cependant

» croire que tout soit également mauvais à mon avis ;
» si vous voulez que je donne des louanges, citez-
» moi les ouvrages de M. Loisillon, de M. Bouvier.

» Parmi ceux du premier, voyez ce *Portrait d'après*
» *nature* : la pose en est noble, la tête est bien
» plantée sur les épaules, le coloris m'offre des tons
» chauds et transparents ; le travail en est large,
» le dessin correct, tout enfin s'y rapproche de la
« nature.

» Considérez le portrait du *Fils d'un amateur*
» *distingué de cette ville* : il est de M. Bouvier.
» Comme il est animé ! comme il réunit l'agrément
» et la vérité du coloris à un fini bien préférable
» à celui de M. Mulnier !

» Le travail de ces deux Artistes ne consiste pas,
» comme celui de ce dernier, en des points placés
» symmétriquement les uns à-côté des autres ; en un
» mot, leurs ouvrages sont le fruit du génie, et les
» siens ne sont que celui de la patience et de
« l'adresse. »

Tel fut le dialogue de ces deux personnages. L'un d'eux est peut-être l'ennemi de M. Mulnier ; cependant nous nous voyons forcés d'adopter ses conclusions, car nous ne savons comment cela se fait, toujours notre opinion est d'accord avec celle du public.

En effet, M. Mulnier, votre travail, qui paraît si agréable à l'œil, est bien éloigné de la vraie méthode. Que ne suivez-vous la bonne école ? En adoucissant ainsi les contours, vous détruisez tout l'effet : vos têtes sont sans expression, peu lumineuses et toujours posées sur un second plan.

Vous avez tort de tant vous attacher à faire ressortir les défauts de vos confrères *. Il est vrai, on reproche avec raison à M. Loisillon la sécheresse des cheveux du portrait dont nous avons déjà parlé ; son linge tend à être lourd, et si nous osons lui faire des observations sur son travail, nous lui conseillerons de le rendre un peu plus régulier **.

M. Bouvier n'est pas non plus au-dessus de la critique. Il paraît avoir été aussi loin qu'un Artiste peut aller,

* M. Mulnier était toujours au Salon. A peine voyait-il quelqu'un qu'il connût, même très-peu, qu'il l'accostait ; lui présentait tous les ouvrages des autres Peintres, ne s'étudiant qu'à en faire remarquer les défauts ; puis, passant aux siens, il y trouvait une foule beautés.

Il allait jusqu'à vanter ses copies ; et c'est justement parce qu'il s'est flatté d'avoir corrigé les défauts des miniatures qui lui ont servi de modèles, que nous sommes forcés de rendre hommage à la vérité, en disant qu'il ne sait même pas copier. Il n'avait pas exposé, d'abord, une *Femme ornée d'une robe bleue*, copiée d'après Mansion. On dirait qu'il l'a apportée tout exprès pour nous faire voir combien peu elle est dans le caractère et même dans la couleur.

** Quelques amateurs trouvent que le petit côté de la figure de ce même portrait ne fuit pas assez. Nous ne voyons pas que ce reproche soit bien fondé : pour constater le fait, il faudrait l'examiner sur la nature.

lorsqu'il est abandonné à lui-même; mais nous croyons qu'il a besoin de consulter les grands maîtres. C'est à leur école qu'il se perfectionnera; c'est là seulement qu'il acquerra les connaissances nécessaires pour mener son art à un plus haut degré *.

Ses étoffes sont d'une seule couleur, et n'offrent pas assez de variétés de tons. La pose de son *Jeune Homme* est un peu roide; ses tons sont quelquefois un peu crûs, et nous pensons qu'il devrait abandonner cette manière de faire les fonds, qu'il a imitée des Anglais, et qui tend à donner de la sécheresse à un portrait.

Voilà, M. Mulnier, tout ce que nous vous accordons, et, malgré ces taches légères, nous mettons leurs ouvrages beaucoup au-dessus des vôtres, et nous conseillons à ces Artistes de redoubler d'ardeur, de continuer à marcher dans la bonne voie, et de compter sur l'estime et les applaudissements de leurs concitoyens.

* Nous conseillons à M. Bouvier et aux autres Artistes de redouter certains amateurs, dont les avis pernicieux ne peuvent leur être que funestes. Nous entendions, à cette même exposition, un de ces hommes peu éclairés disant: « Depuis que Mansion et quelques autres Artistes de Paris font » circuler leurs ouvrages en province, il est presque inutile » d'aller à la Capitale. » Il se trompait d'autant plus, que Mansion est le maître que l'on doive le plus éviter d'étudier, lorsqu'on a le choix, parce que c'est lui qui s'écarte le plus de la nature.

Qui peut avoir placé au milieu d'eux ce petit Monsieur, à côté d'une Bacchante qui louche ? Non loin de lui, nous apercevons des Oiseaux empaillés ; il tient à la main un volume des œuvres de Buffon. En. vérité ! M. Donné, pour admirer votre *Petit Naturaliste*, il faudrait trop s'écarter de la nature !

Mais où trouver des expressions assez fortes, ou plutôt assez comiques, pour rendre ce que nous ressentons, en apercevant les ouvrages de M. Lemasne ? Chacun, en voyant son portrait, se récrie sur la ressemblance :

Oui ; c'est bien là cette figure
Qui ne respire que bonté ;
Qui, toujours douce, toujours pure,
Brille d'un air d'aménité.
Ce front, où le naïf sourire
Toujours empreint semble nous dire :
« Voyez quelle tranquillité ?
» Et que son âme est angélique ! »
Et cette bouche, qui se pique
D'avoir, en tous temps, respecté
L'empire de la vérité ;
Cet œil enfin, qui, sur la terre,
Fidèle image de son cœur,
Voit tout en beau ; qui sur son frère
Tombe toujours avec douceur.
En un mot, c'est bien l'homme aimable
Qui danse avec tant d'agréments ;
Cause toujours d'un air affable :

Et fait passer gaîment le temps ;
Qui, des malignes railleries
Méprisant sans doute les traits,
Ne se fâcha, dit-on, jamais ;
Dont les innocentes saillies
Dérideraient le triste front
Du plus morose des Caton.

Mais, M. Lemasne, regardez-vous bien attentivement dans votre glace, et dites-nous si vous ne voyez rien à reprendre ? Dans les trente ou quarante premiers portraits que vous avez faits de vous, des amis sincères ont cru remarquer que vous vous étiez fait la figure un peu trop longue ; et vous êtes tombé dans l'excès contraire, car, cette fois-ci, ou nous nous trompons fort, vous l'avez faite beaucoup trop courte.

A-côté de lui, M. Lemasne a placé un portrait d'après nature, qui a la figure toute de travers ; M. Lemasne prétend que l'original l'a encore davantage : en ce cas, ce doit être un plaisant original.

M. Lemasne a exposé aussi un tableau au pointillé : c'est un *Naufrage d'après Vernet*. Certes, si le prix se donnait à la patience, M. Lemasne pourrait compter sur la médaille d'or. Laissons-le parler lui-même : « Messieurs, répète-t-il à tous ceux qui veulent » l'entendre, dam ! j'ai travaillé à cet ouvrage avec » beaucoup d'assiduité. J'ai mis dix-huit mois à le » faire ; mais j'y travaillais sans relâche depuis le » matin jusqu'au soir, ainsi çà peut bien compter pour » deux ans. »

On ne connaît point, sur la terre,
De Peintres aussi diligents,
Qui, pour une peinture entière,
Puissent n'employer que deux ans.
Un si beau dessin! un *Naufrage*
Dans deux ans! Quel homme étonnant!
S'il fait un progrès par ouvrage,
Voyez que de progrès par an!

Bien du courage! M. Lemasne, et commencez, pour la prochaine exposition, un portrait de vous qui soit dans d'exactes proportions, vous avez juste le temps qui vous est nécessaire. Mais nous, qui n'en avons pas beaucoup, nous vous quittons pour M. *De* Châteaubourg.

Qu'a-t-il donc exposé, ce M. De Châteaubourg, pour produire une si profonde émotion sur tous les spectateurs? Nous voyons toutes les Dames courir en foule vers ses ouvrages. « Allons voir, disent-» elles, cette *Jolie Tête* peinte sur marbre! »
Peinte sur marbre! Est-ce là tout son mérite? « Quoi! nous répondent ces Dames, vous n'admirez » pas ce schall, ce turban? et quelles difficultés « il a fallu vaincre, pour peindre sur marbre? «
Mesdames, si c'est M. De Châteaubourg qui vous a dit qu'il est plus difficile de peindre sur marbre, il vous a induites en erreur : ainsi, désabusez-vous, je vous prie. Nous, qui savons ce qu'il en est, nous n'examinerons point si cette *Tête* est peinte sur marbre ou sur ivoire,

M. De Châteaubourg l'a copiée d'après une lithographie, aussi dit-il que le coloris est de lui : c'est toujours quelque chose. Mais nous ne savons pourquoi nos Académiciens en sont si enchantés. L'un d'eux disait aux autres : « C'est toujours le bon ! mais il faudrait » une loupe, pour en voir toutes les beautés. »

Pourquoi M. De Châteaubourg n'en a-t-il pas accroché une auprès de son ouvrage ! Peut-être nous aurait-elle empêché de voir que son schall, quoique travaillé avec un soin extrême, ne s'arrondit point sur le sein qu'il recouvre ; que son turban affaisse les cheveux par son poids, au point de les rendre secs et sans grâces. Que dirons-nous du coloris, qui est de M. de Châteaubourg ?

Il nous offre autant de fraîcheur
Que la fleur récemment éclose ;
Il lui dispute de couleur ;
Et de la jeune et tendre rose
Il possède tous les attraits ;
Mais c'est une plaisante chose,
Car qui diable a pu voir jamais
Des figures couleur de rose ?

Malgré toute notre envie d'en dire davantage sur ce peintre tant célébré, nous sommes forcés de nous taire ; que dire d'un homme qui n'a exposé que des copies ?

Adressons nos adieux à la miniature ; nous allons

consacrer nos instants aux Artistes qui se sont occupés de la gravure et du dessin.

Nous avons mis les deux énormes ouvrages de M. Peytavin à la tête des tableaux à l'huile, à cause de leur grandeur; les productions de M. Mulnier, à la tête de celles des Peintres en miniature, à cause de leur nombre; parmi les Artistes qui nous restent à passer en revue, M. Cholet occupera la première place, mais c'est à cause de son talent supérieur.

Ce serait cependant encore lui faire un bien faible éloge : son dessin à la plume a excité et excite encore l'admiration de tous ceux qui l'ont vu. Il n'est pas besoin d'être Artiste pour en sentir toute la supériorité; les Nantais, là-dessus, n'ont qu'une voix. Nous ne nous arrêterons pas à en faire l'apologie, nos expressions seraient toujours trop faibles pour rendre toute notre pensée.

Cependant, que M. Cholet n'oublie pas que c'est une copie, et combien est au-dessous du mérite de l'invention celui de l'imitation, à quelque degré de perfection qu'il soit porté.

Avant de passer aux deux jolies gravures de M. Cholet, oserions-nous lui donner le conseil de ne jamais travailler d'après de mauvais dessins? Et en effet, s'il avait eu sous les yeux des paysages d'un grand maître, nous n'aurions rien à reprocher à ses tableaux; car tout ce qui dépend de l'art du graveur est rendu avec un goût exquis. Que l'on prenne ses paysages par partie, on y reconnaît la facilité et les finesses de la pointe unies à la netteté et à la vigueur du burin ; mais ses paysages, pris dans leur ensemble, n'offrent point cette harmonie qui donne la vie à un tableau. Les sites sont bien choisis ; mais les arbres sont d'une mauvaise forme *. D'ailleurs, les eaux font tache, et les figures sont loin d'être bien dessinées.

Que M. Cholet abandonne donc les dessins d'un Peintre médiocre, pour nous présenter, dans deux ans, des gravures d'après les ouvrages des Watley, des Bertin, etc., et nous sommes persuadés d'avance que nous n'aurons que des éloges à lui donner.

Jusqu'à présent, nous avons cru devoir passer sous silence les ouvrages des élèves, pour ne nous occuper que de ceux des Artistes ; mais le dessin à la plume de M. A. Gâche mérite trop de louanges pour que nous puissions nous taire. Cet ouvrage fait à la fois honneur à l'élève et au maître.

Il existe dans notre ville un Artiste dont on ne semble pas assez apprécier le mérite, comme dessinateur. Nous voulons parler de M. Sarrazin. A ce nom, quelques Artistes jaloux vont nous accuser de partialité ; ils vont nous dire que M. Sarrasin a fait de bien mauvaises choses ; mais eux-mêmes n'en ont-ils jamais fait ?

Nous sentons comme eux que M. Sarrasin n'aurait

* Dans ces gravures, on trouve que le feuillé est par fois un peu large.

point dû exposer ses lithographies d'après les mauvaises statues de M. Molchnet; qu'il aurait aussi bien fait de laisser au grenier ses peintures faites du 4e étage; et de ne pas ôter de son cabinet la moitié de ses autres ouvrages; mais nous prions ces Artistes injustes de considérer son *Priseur*, son *Joueur de Violon*, sa *Surprise*, tableaux dignes de figurer à une exposition, et ses *Avares*, qui, malgré le peu de proportion de leurs mains, ne sont point sans mérite.

Que ces messieurs nous permettent maintenant de passer à ces deux dessins d'après la bosse, de M. Charpentier. Le dessinateur n'a pas manqué de mettre au bas qu'ils ont été exécutés à Paris. Il nous semble que, depuis son retour, il aurait eu le temps de nous en faire quelques autres. Nous sommes rebattus de ceux-ci, et ils seront bientôt comme la charrue de M. Athénas, que l'on rencontre partout.

Cependant, nous ne devons pas négliger de dire ce que nous en pensons.

Nous pensons donc qu'il est étonnant que le même qui a dessiné la *Vénus accroupie*, ait pu faire un ouvrage ayant aussi peu d'ensemble que l'*Hercule* qui est à-côté d'elle;

Nous pensons encore que ces dessins sont bien crayonnés; mais qu'il n'est pas difficile de produire de l'effet avec force blanc et force noir;

Nons pensons, enfin, qu'à la prochaine exposition, M. Charpentier nous donnera quelque chose de nouveau, et qui n'aura pas été *fait à Paris*.

Notre intention était, d'abord, de parler avec beaucoup de détails sur les ouvrages de Sculpture qui figurent à l'exposition; mais ils sont en trop petit nombre, ils trouveront assez d'appréciateurs. Nous conseillerons seulement à M. Molchnet de prendre pour modèles de grâces les statues de M. Grootaers et les maquettes de M. Barême : il en a un très-grand *besoin*.

Nous avons donc fourni notre longue et pénible carrière! Que de soins il a fallu prendre pour ne pas choquer l'amour-propre des Peintres dont nous avons censuré les productions! Que d'égards, que de ménagements ont été nécessaires pour ne pas irriter un auteur, toujours prèt à s'admirer dans ses ouvrages! Nous n'avons rien négligé pour éviter de produire une fâcheuse impression, et cependant nous sommes presque assurés de n'avoir pas entièrement réussi. Il y a toujours, partout, de ces esprits ombrageux qui voient tout en noir; qui interprètent de la manière la plus injuste les choses qui sont dûes à la meilleure intention : c'es le propre d'un génie médiocre, et l'on en trouve dans les arts comme ailleurs.

Cependant, devraient-ils se fâcher, si nous ne trouvons pas dans leurs ouvrages toute la perfection dont ils étaient susceptibles? Est-ce qu'ils ne s'attendaient pas à des remarques plus ou moins sévères sur eux? Les offraient-ils pour que chacun se récriât: *Que c'est bien dessiné! quel coloris naturel! c'est beau! c'est divin.....?*

Lorsqu'au Salon, ces Artistes jaloux,
Remplis d'orgueil, suspendaient leurs ouvrages,
Prétendaient-ils ne recevoir de nous
Que flatterie et serviles hommages ?
Prétendaient-ils, auteurs présomptueux,
Quand les trésors de l'enceinte sacrée
Furent sans choix livrés à tous les yeux,
A la critique en défendre l'entrée ?
Heureusement, pour les progrès des arts,
Ils se trompaient d'une étrange manière;
Car, quels que soient leurs cris et leur colère,
Aucun auteur n'échappe à ses regards.
Partout où le public pénètre,
La Déesse sait se glisser;
Sur les Élèves, sur le Maître,
Partout on la voit s'exercer.
Sur le Parnasse, chez Thalie,
Sur le Peintre, sur le Sculpteur,
Et même sur l'Académie
Elle étend son pouvoir vainqueur.
Partout on voit de la Satyre
Sur les sots tomber tous les traits;
Ici, tout ce que l'on peut dire
Sont des bons-mots; là, les sifflets
Exercent leur bruyant empire.
La faculté de censurer
Change suivant la circonstance :
Chez Melpomène avant d'entrer,
Il faut payer, pour siffler l'ignarance;
Mais, au Salon, chacun, à son avis,
Peut censurer et se moquer *gratis*.
Cet heureux droit de dire ce qu'on pense
Peut effrayer un Artiste vanté,
Mais sans talent, et qui tremble d'avance

Pour un renom qui n'est pas mérité;
Mais le vrai talent le révère,
Seul, il en connaît tout le prix;
Du critique le plus sévère
Il court recueillir les avis.
Il préfère l'ami sincère
Qui lui dit : Vous avez mal fait,
Au sot dont la voix mensongère
Trouve son ouvrage parfait.
A la Critique il dit lui-même :
« De tes conseils mon besoin est extrême :
» Va, sans pitié censure mes tableaux;
» Par tes avis, dirige mes travaux.
« A ton examen rigide
» Je devrai tous mes succès,
» Et, grâce à mon sage guide,
» Mes tableaux, l'an prochain, seront moins imparfaits. »

Ainsi parle l'Artiste qui brûle du désir de se perfectionner, et qui a la noble ambition de surpasser ses rivaux. Il sait que les conseils de la critique, et même les bons-mots de la satyre peuvent éclairer un auteur studieux; et celui qui craint le reproche, fait en sorte de n'en pas mériter.

Malgré ces heureux fruits de la critique, on s'obstine à la réprouver en quelques endroits : tout livre qui ne contient pas que des louanges, est traité de libelle..... Quelle erreur! Nous concevons fort bien qu'un auteur sans talent crie contre ceux qui font de ces sortes d'ouvrages : mais que le public, qui a intérêt à ce que tout ce que l'on fait pour son agrément ou son utilité soit le plus parfait possible, blâme ceux qui font justice des mauvaises productions dans ce genre, c'est ce que nous trouvons fort étrange.

On craint, il est vrai, d'effrayer, de décourager les Artistes. Hélas! on s'abuse; car, après tout, on ne peut effrayer que ceux d'un génie médiocre, et qui ne se sentent pas capables de se mettre au-dessus de la critique; et tous ceux de cette trempe devraient promptement quitter le ciseau, le pinceau ou le burin.

Mais, cessez de censurer les mauvais ouvrages, de tourner en ridicule les défauts que l'on y remarque, et vous verrez quel sera le fruit de votre indulgence: les Peintres, n'étant plus retenus par aucune crainte, voyant chacun fermer les yeux sur leurs fautes, se négligeront bientôt, et leurs ouvrages seront toujours de plus en plus mauvais.

Ainsi, sur leurs défauts, trop promps à s'aveugler,
Sur la foi des flatteurs ils se laissent aller.
Trop sûrs d'être loués, ils perdent tout leur zèle;
Une faute fait naître une faute nouvelle;
La crainte du reproche a fui devant leurs yeux,
Dès-lors, ils ont senti s'éteindre tous leurs feux,
Et, sans quelque censeur qui sache avec justice
Porter de rudes coups à leurs défauts nombreux,
Celui qui de Créuse a déboité la cuisse,
Nous peindra, l'an prochain, Charlemagne boîteux.

Mais vous, Artistes dignes de ce beau nom, ne vous laissez point effrayer par la longueur de l'intervalle qui vous sépare encore de la perfection ; vous verrez, si vous voulez suivre nos conseils, que nous aimons bien mieux donner des louanges, que chercher des défauts. Sachez, enfin, que vous recueillerez un jour le fruit de votre patience et de vos travaux ;

> Que le Dieu qui préside à ces Arts enchanteurs,
> Daigne abaisser sur vous ses regards protecteurs !
> Que ses rayons divins enflamment votre veine !
> Et nous qui, dans vos soins mettons tout notre espoir,
> Nous attendons le jour où nous devons vous voir
> Triompher dans la même arène.

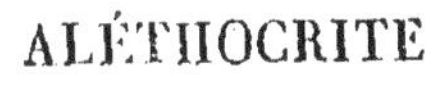

G*** ET V*** ALÉTHOCRITE.

Nota. *Cette brochure devait paraître avant la fin de l'Exposition ; mais des retards imprévus en ont remis la publication plus loin que nous ne pensions.*

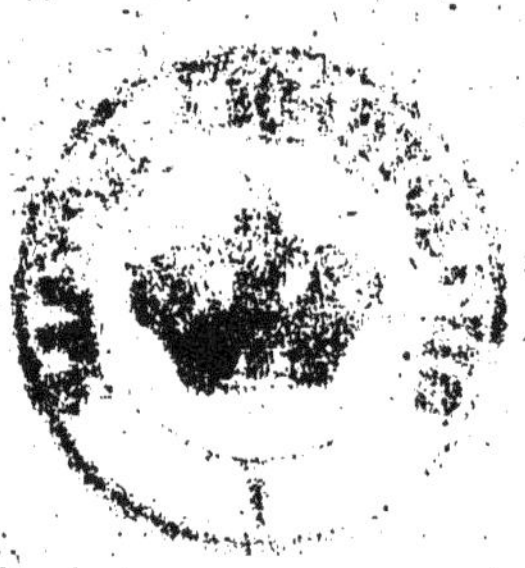

www.ingramcontent.com/pod-product-compliance
Ingram Content Group UK Ltd.
Pitfield, Milton Keynes, MK11 3LW, UK
UKHW012114240726
13965UKWH00004B/1769

9 782013 042239